KB264619

이기고 싶어요

2019년 12월 15일 초판 1쇄 발행 | 2025년 2월 28일 초판 8쇄 발행

전자책 ISBN 978-89-6413-425-2

발행인 최종일 **발행처** (주)아이코닉스 **기획** 키즈아이콘
총괄책임 서현수 **편집책임** 박정은 **편집** 장보원 조윤수 김예진 이유진
디자인책임 김미선 **디자인** 이순영 권혜원 경희정 **3D제작** 스튜디오 게일
제작책임 신초희 **제작관리** 이수란 김미래 김세미 **마케팅책임** 김미경 **마케팅** 이창열 서연지 심동수 이경재 이미나 지승한 송호성
주소 경기도 성남시 분당구 판교로 255번길 64 **고객 센터** 1566-0855
출판등록 2008년 11월 4일(제 2014-000009호) **홈페이지** www.iconix.co.kr
뽀롱뽀롱 뽀로로 ⓒICONIX/OCON/EBS/SKbroadband

※이 책은 독점 판권 업체인 (주)아이코닉스에 의해 제작되었으며 무단 전재 및 무단 복제를 금합니다.
※잘못된 제품은 구입 후 10일 이내 구입처에서 교환하여 드립니다.
※제품에 자체 결함이 있을 시 무상 A/S 보증 기간은 구입 후 3개월입니다.
　단, 소비자의 부주의로 인한 파손이나 손해는 보상되지 않습니다.

뽀로로 동화책 시리즈는 E-BOOK, AUDIOBOOK으로도 만나
보실 수 있습니다. E-BOOK과 AUDIOBOOK은 〈교보 ebook〉,
〈네이버 오디오클립〉 등에서 검색해 보세요.

이기고 싶어요

키즈아이콘

오늘은 에디가 새로 만든 발명품을
공개하기로 한 날이에요.
뽀로로와 친구들이 에디의 집 앞에 모였어요.

에디
빨리 보여 줘!
궁금해서
못 참겠어.

"그럼 에디 님의 어마어마한 발명품을 공개합니다!"
하얀 천을 내리자 멋진 우주선이 나타났어요.
"이걸 타고 우주여행을 갈 거야. 같이 가고 싶은 사람, 손!"

나도!

나도!

나도 갈래!

크롱크롱~

나도 가고 싶어!

나도!

"어쩌지? 딱 한 사람이 탈 자리밖에 없는데.
아, 그러면 되겠다!
우주여행 테스트를 하는 거야!"
"우주여행 테스트?"

"응! 우주는 아주 위험해서 아무나 갈 수 없거든.
테스트를 통과한 친구만 데려갈 거야."

내가 통과하고
말겠어!

크롱크롱!

흥, 누가 할 소리?

TEST 1. 달리기 시합

드디어 첫 번째 우주여행 테스트가 시작됐어요.
"첫 번째 테스트는 달리기 시합이야. 우주에 가려면 몸이 튼튼해야 하거든.
놀이터를 한 바퀴 돌아서 제일 먼저 도착하는 친구가 이기는 거다."

에디가 호루라기를 불자 친구들이 힘껏 달려 나갔어요.

"후후, 이렇게 날아가면 되지."
해리가 제일 앞서 날아갔어요.
그 뒤를 뽀로로가 바짝 따라갔어요.
"뭐야! 해리, 날아가는 건 비겁해!"

"너도 날면 되잖아!"

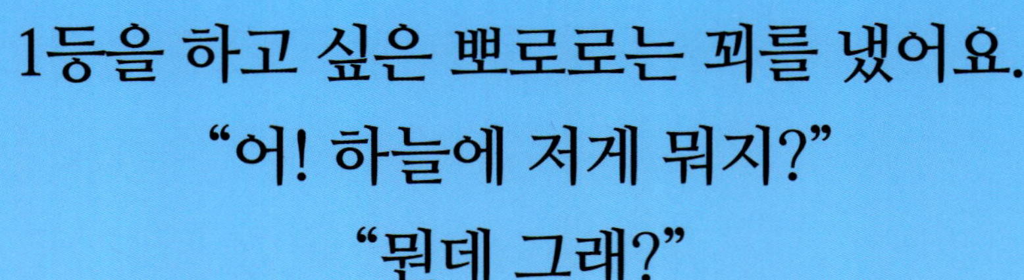

1등을 하고 싶은 뽀로로는 꾀를 냈어요.
"어! 하늘에 저게 뭐지?"
"뭔데 그래?"

해리는 뽀로로가 가리킨 곳을 보다가 그만
기둥에 머리를 부딪히고 말았어요.

"첫 번째 테스트는 뽀로로의 승리!"

"두 번째 테스트는 간지럼 참기야."
"간지럼 참기?"
"긴 우주여행을 하려면 참을성이 많아야 해.
간지럼 정도쯤은 참아야지!"

넓고 넓은 바닷가에 오막살이……쿡쿡쿡, 간지러워!

에디는 부드러운 깃털로
친구들을 간질간질 간지럽혔어요.
"으하하, 간지러워!"
하지만 친구들은 간지럼을 참지 못하고 탈락했어요.

마지막까지 꾹 참은 포비만 두 번째 테스트를 통과했어요.
"하하하, 내가 해냈어!"
"오! 포비 대단한데?"

TEST 3. 수수께끼 맞추기

"이제 마지막 테스트야. 바로 바로 수수께끼 맞추기!
우주에 가려면 똑똑해야 하니까."

"자신 있어. 우주는 내가 갈 거야!"
"무슨 소리! 내가 갈 거야. 빨리 수수께끼를 내."
"좋아, 잘 듣고 맞춰 봐."

"아이들은 장난감을 제일 좋아해."
"딩동댕! 맞았습니다. 다음 수수께끼!"

병아리가 아플 때 먹는 약은?
삐약삐약!
엉덩이에 달린 귀는?
방귀!
"딩동댕~ 이번 테스트는 루피가 1등이야!"
"와, 그럼 내가 우주에 가는 거야?"

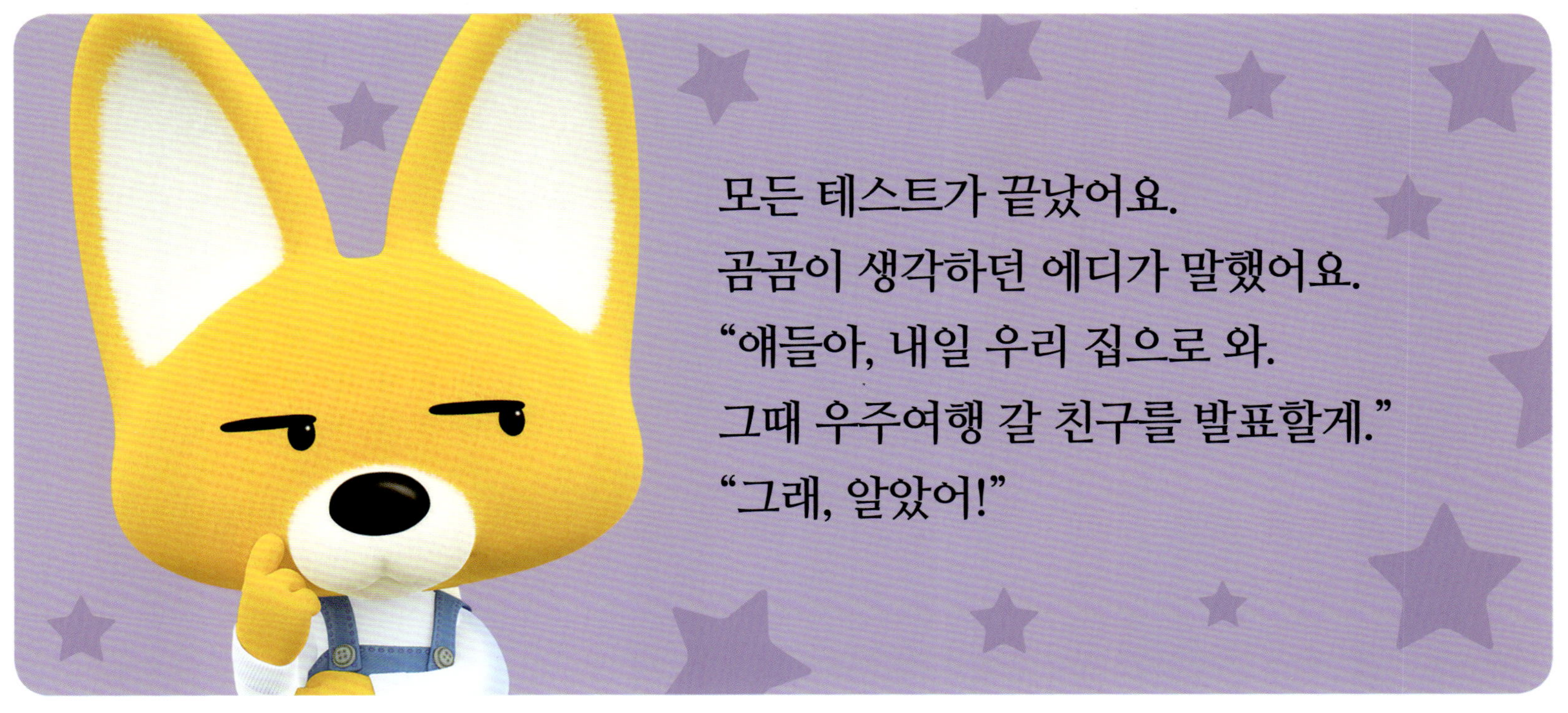

모든 테스트가 끝났어요.
곰곰이 생각하던 에디가 말했어요.
"얘들아, 내일 우리 집으로 와.
그때 우주여행 갈 친구를 발표할게."
"그래, 알았어!"

다음 날 친구들이 에디의 집 앞에 모였어요.
"에디! 우주여행에 함께 갈 친구는 누구야?"
"빨리 발표해 줘!"

"나와 함께
우주여행을 갈 친구는
바로 바로, 뽀로로!
그리고 루피!"

"포비, 크롱, 해리, 패티, 로디! 너희들 모두 다야!"
"모두 다?"

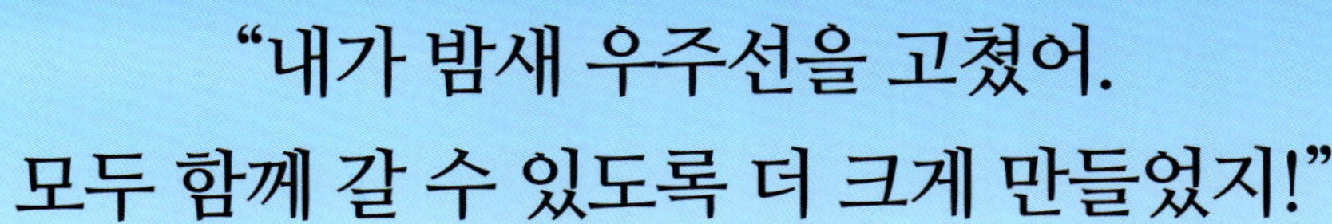

"내가 밤새 우주선을 고쳤어.
모두 함께 갈 수 있도록 더 크게 만들었지!"

“자, 어서 타.”
친구들이 우주선에 올라탔어요.
“그럼 출발합니다!”

에디가 버튼을 누르자
우주선이 높이 날아올랐어요.
잘 다녀와요, 친구들!